Tous nos vœux de bonheur !

Marilyne BAL

Éditions ART ET COMÉDIE
3, rue de Marivaux
75002 PARIS

TOUS NOS VŒUX DE BONHEUR !
a été créé le 7 juillet 2016
dans le cadre du Festival OFF d'Avignon

Mise en scène : Jean-Philippe Azéma

Avec
Marie-Hélène Lentini
Karine Dubernet

Costumes : Émilie Sornique
Lumières : Denis Koranski
Musique : Hervé Devolder

NOTE SUR L'AUTEUR

Après avoir passé plusieurs années en agence de communication en tant que chef de projet, Marilyne Bal décide du jour au lendemain de tout quitter pour s'adonner à un monde qui la fascine depuis toujours : celui du théâtre. Elle s'inscrit alors au cours Florent, au début « juste pour voir ». Là-bas, elle participe à un atelier d'écriture et c'est le déclic… l'écriture la séduit beaucoup plus que la scène ! Sa première pièce, *Le Chant des oliviers*, une comédie sociale, est créée à Avignon à l'été 2015 avant d'être reprise sur Paris en septembre de la même année. Une tournée est prévue de janvier à mai 2017. *Tous nos vœux de bonheur !* est sa deuxième création à Avignon.

PERSONNAGES

CHARLOTTE : femme de quarante-cinq ans et plus, sœur de Claire.

CLAIRE : femme un peu plus jeune, sœur de Charlotte.

DÉCOR

Le plateau est vide avec un fond noir. En fonction des scènes, des accessoires seront ajoutés. Des jeux de lumière et des bandes-son pourront être mis en place à la liberté du metteur en scène.

SCÈNE 1

Claire est assise à une table à l'intérieur d'un café. Un verre de vin blanc est posé devant elle. Elle est élégamment habillée, mais porte des tongs. Elle semble absente. Charlotte, qui porte un tailleur élégant mais strict, entre et se dirige vers Claire.

CHARLOTTE. – Claire ! Enfin tu es là ! *(Claire souffle et lève les yeux au ciel à l'approche de Charlotte.)* Non mais tu as vu l'heure ?

Temps. Claire la regarde.

CLAIRE. – Cinq mois qu'on ne s'est pas vues… Bonjour, ma sœur.

CHARLOTTE. – Oui, bonjour. *(Elles s'embrassent.)* Tout le monde t'attend, qu'est-ce que tu fabriques ?

CLAIRE. – Comme tu le vois, je bois un petit verre pour me détendre… Je ne sais pas pourquoi, je sens que je vais en avoir besoin.

CHARLOTTE. – Donc encore une fois tu comptes arriver en retard.

CLAIRE, *regardant sa montre.* – Faux, je suis juste à l'heure.

CHARLOTTE. – Être juste à l'heure, Claire, c'est déjà être en retard.

CLAIRE. – J'ai déjà de la chance d'être là. Si tu savais ce qu'il m'est arrivé en venant !

CHARLOTTE. – Quoi donc?

CLAIRE. – Figure-toi qu'à l'entrée de la ville j'ai renversé un éléphanteau échappé d'un zoo.

CHARLOTTE, *bouleversée.* – T'as renversé Dumbo? *(Temps. Claire la regarde. Charlotte comprend, elle se lève.)* Oui oh, fais ta maligne, si tu crois que je t'ai crue...

CLAIRE. – Dumbo... T'as de ces références...

CHARLOTTE. – Dumbo était le héros préféré de Louis. Souviens-toi, petit il avait un poster géant dans sa chambre, c'est même toi qui le lui avais offert.

CLAIRE. – J'ai offert ça, moi?

CHARLOTTE. – Bon, on y va! Il reste du monde que je n'ai pas vu, comme papa et maman qui se font attendre, et je ne veux pas laisser Paul, seul, accueillir le restant de la famille.

CLAIRE, *regardant devant elle.* – À l'observer, il semble y prendre plaisir.

CHARLOTTE. – Tu connais son aisance relationnelle.

CLAIRE, *regardant vers l'extérieur.* – Oui... D'ailleurs la cousine Sylvie semble beaucoup apprécier cette aisance. Il est très tactile, non?

CHARLOTTE. – Dans son travail il croise tellement de femmes... Toutes ses patientes le disent : c'est un homme rassurant et chaleureux. Ton ami n'est pas avec toi? *(Temps.)* Ça m'aurait étonnée. Et ta fille? Je ne l'ai pas encore vue.

CLAIRE. – Julie arrivera plus tard avec Franck.

CHARLOTTE. – L'ingénieur aéronautique? *(Temps.)* Tu laisses une enfant de seize ans sortir avec ce garçon bien plus âgé qu'elle, tu sais ce que j'en pense.

CLAIRE. – Oh! regarde! V'là la tantine Pierrette et le tonton René. Ça a dû leur faire un choc, ce mariage, à ces vieux cons.

CHARLOTTE. – Ça a fait un choc à tout le monde. Si tu veux tout savoir, en ce qui me concerne, j'ai vomi pendant trois jours.

CLAIRE. – Positive, Charlotte! Pense aux belles vacances à venir en Chine avec Bi.

CHARLOTTE. – Et Bi! Alors ça aussi! T'appelles ça un prénom, toi?

CLAIRE. – Ce que tu peux être coincée!

CHARLOTTE. – Je ne suis pas coincée. Seulement, il y a des traditions à respecter, des devoirs à respecter, une éducation à respecter, on ne peut pas faire tout et n'importe quoi. Maintenant, lève-toi!

CLAIRE. – Voilà papa!

CHARLOTTE, *regardant de façon précise.* – Papa… Qui est cette fille à côté?

CLAIRE. – Ils ont l'air proches.

CHARLOTTE. – Tout le monde est proche, tout le monde se dit bonjour.

CLAIRE. – Mais tout le monde ne se roule pas des galoches.

CHARLOTTE. – Oh! mon Dieu!

CLAIRE. – Rassure-moi, tu ne vas pas vomir?!

CHARLOTTE. – Mais elle est… elle est…

CLAIRE. – … plus grande que lui, oui.

CHARLOTTE. – Oui, mais aussi…

CLAIRE. – … plus jeune.

CHARLOTTE. – Beaucoup plus jeune ! C'est un défaut d'optique ou il semblerait qu'elle soit…

CLAIRE. – … asiatique ?

CHARLOTTE. – C'est une épidémie !

CLAIRE. – À Noël, tous sur la muraille habillés en sapins, ça va être exotique !

CHARLOTTE, *reprenant ses esprits.* – Non, il n'a pas pu l'embrasser.

CLAIRE. – Là, il a sa main posée sur sa fesse gauche !

CHARLOTTE. – Papa.

CLAIRE. – C'est maman qui va être contente.

CHARLOTTE. – Maman.

CLAIRE. – Rassure-moi, tu ne vas pas chouiner tout le long du mariage ?

CHARLOTTE, *se reprenant.* – Tu as raison, rassemblons-nous. Enfin moi, si tu veux mon avis…

CLAIRE. – Non.

CHARLOTTE. – Quoi, non ?

CLAIRE. – Je ne veux pas ton avis. *(Regardant toujours au loin.)* Ah ! voilà maman !

CHARLOTTE. – Elle est venue seule ?

Claire. – Non, Henri doit suivre comme le bon toutou qu'il est.

Charlotte donne une claque sur l'épaule de Claire.

Charlotte. – J'aime beaucoup Henri. Henri a toujours été très gentil.

Claire. – Avec maman toujours, avec papa un peu moins.

Charlotte. – Si maman est heureuse…

Claire. – C'est le principal. Si papa pleure d'avoir été trahi par son meilleur ami…

Charlotte, *lui coupant la parole.* – C'est la vie! *(Faisant signe à son mari.)* Oui, chéri, on arrive. *(À Claire.)* C'est lui qui est parti pour une autre que maman, dois-je encore te le rappeler? Une hôtesse de l'air pitoyable. Heureusement qu'Henri était là pour épauler maman.

Claire. – Pour épauler maman? Pour se la taper, oui! Elle l'a fait mariner un moment, mais vu la fortune du type elle a fini par céder.

Charlotte. – Oui, enfin c'est du passé tout ça, maintenant lève-toi, on y va.

Claire. – Non, je vais reprendre un second verre; d'ailleurs, je te le conseille, ça te détendra.

Charlotte. – Je ne suis pas tendue.

Claire, *s'adressant à une personne extérieure.* – Jeune homme!

Charlotte, *faisant signe à son mari.* – Oui, chéri, cette fois on arrive.

Claire, *s'adressant à une personne extérieure.* – Vous nous mettrez un deuxième fond de culotte, merci. *(Regard étonné de*

Charlotte.) Un petit blanc avec un fond de cassis, tu verras, ça…
(Elle soupire comme pour libérer du stress.)

CHARLOTTE, *voyant les tongs de Charlotte.* – C'est original les tongs pour un mariage.

CLAIRE, *sortant des chaussures de son sac.* – T'inquiète, j'ai tout prévu. *(Elle enfile ses chaussures.)* Nom de Zeus ! Je sens que je vais en chier, elles sont toutes neuves !

CHARLOTTE. – Surtout que la journée risque d'être longue.

CLAIRE. – Tu veux déjà m'achever ?!

NOIR

SCÈNE 2

La chanson « Felicità » interprétée par Al Bano and Romina Power démarre. Lumières. Nous sommes dans une salle de mairie. Une bande-son accompagnera la scène en fond sonore pour donner le rythme de la cérémonie. Charlotte et Claire sont côte à côte, debout, Claire porte des chaussures à talons. Charlotte a la tête tournée vers l'arrière pour suivre l'entrée des mariées. Claire chantonne les paroles, elle simule un micro dans la main. La tête de Charlotte revient face public. La musique s'arrête. Elles s'assoient.

CLAIRE, *à Charlotte*. – « La Felicità », le bonheur !

CHARLOTTE. – Je sais ce que ça veut dire, j'ai fait italien seconde langue.

CLAIRE. – Ah ! voilà le maire !

LE MAIRE, *voix off*. – Mesdames et messieurs, veuillez vous lever.

Les deux se lèvent. Claire ne semble pas très à l'aise avec ses chaussures et se dandine.

CHARLOTTE. – Qu'est-ce que tu as ?

CLAIRE. – Ces chaussures me font un mal de chien.

LE MAIRE, *voix off.* – Nous allons procéder à la célébration du mariage de Mme Élisabeth Demare…

CHARLOTTE. – Oh…

CLAIRE. – Ah ! non, hein !

LE MAIRE, *voix off.* – … avec Mme Bi Chang Kong.

CHARLOTTE. – Oh… *(Claire lui lance un regard noir.)* Enfin, ça ne te fait rien, toi, madame et madame qui se marient ? Si un jour on m'avait dit que j'allais assister à un premier mariage pour tous… dans ma famille !

CLAIRE. – Charlotte, notre sœur est heureuse, c'est le principal, non ? « Felicità » !

CHARLOTTE. – Claire, il y a des limites au bonheur.

Claire souffle.

CLAIRE. – Bon, qu'est-ce qu'il farfouille notre maire ? Il a perdu un truc.

CHARLOTTE. – Moi je dis, quitte à changer de partenaire, elle aurait pu au moins rester dans le même moule.

CLAIRE. – …

CHARLOTTE. – Le moule « mâle » !

CLAIRE. – Elle aime Bi, ça ne signifie rien pour toi ? Il a paumé ses lunettes ce con ! C'est ça qu'il cherche, il ne peut pas lire son texte.

CHARLOTTE. – Et parce qu'elle aime Bi, elle est devenue soudainement bi.

Claire rit et Charlotte l'arrête net d'un regard glacial.

CLAIRE. – Il n'est pas encore seize heures et je vais devoir te supporter toute la journée. Je sais : chacun sa croix. On est sauvé, il les a retrouvées.

CHARLOTTE. – Je n'arrive pas à comprendre. Comment peut-on virer sa cuti comme ça du jour au lendemain ?

CLAIRE. – La raison du cœur, ça te parle ? Il fait quoi là ? C'est pas vrai, il les nettoie maintenant !

CHARLOTTE. – Mon cœur s'est toujours porté sur les hommes.

CLAIRE. – Tout le monde ne fonctionne pas comme toi, Charlotte.

CHARLOTTE. – Peut-être, néanmoins mes valeurs sont reconnues et partagées par beaucoup.

CLAIRE. – Oui, par tes copains fachos.

CHARLOTTE. – Comment oses-tu ?

CLAIRE. – Ça y est, ses lunettes sont propres.

LE MAIRE, *voix off.* – Conformément à la loi, je vais vous donner lecture des articles.

CLAIRE. – C'est le plus chiant, je vais pisser.

Elle va pour partir.

CHARLOTTE, *lui attrapant le bras.* – Tu restes ici !

LE MAIRE, *voix off.* – Les époux se doivent mutuellement fidélité et secours.

CLAIRE, *riant.* – Oh ! oh ! oh ! Quelle arnaque !

CHARLOTTE. – Tu as beau être contre le mariage et le couple…

CLAIRE. – Je ne suis pas contre le couple.

CHARLOTTE. – Tu refuses de vivre avec l'autre.

CLAIRE. – Par expérience !

Le portable de Claire sonne. Elle regarde d'où vient l'appel et son visage se fige. Elle envoie l'appel sur répondeur.

CHARLOTTE. – C'est qui ?

CLAIRE. – Ton Jésus qui se demande pourquoi on ne célèbre pas cet acte d'amour dans son église.

CHARLOTTE. – Ah non, hein ! Pas de blasphème aujourd'hui.

LE MAIRE, *voix off.* – Les époux assurent ensemble la direction morale et matérielle de la famille. Ils pourvoient à l'éducation des enfants et préparent leur avenir.

CHARLOTTE. – Pauvres gosses.

CLAIRE. – Mais quelle saloperie d'homophobe tu fais !

CHARLOTTE. – Reconnais que ce sont toujours les enfants qui trinquent.

CLAIRE. – Je te rappelle que les enfants d'Élisabeth adorent Bi. Il est où ton problème ?

Charlotte fait une moue dubitative.

LE MAIRE, *voix off.* – Si les conventions matrimoniales ne règlent pas la contribution des époux aux charges du mariage, ils y contribuent à la proportion de leurs facultés respectives.

CLAIRE. – Là ça ne veut plus rien dire, c'est à ce moment qu'ils nous embrouillent et qu'on se fait avoir.

Elle bâille bruyamment.

CHARLOTTE. – Bah enfin…

CLAIRE. – Ne jamais se retenir de bâiller, c'est mauvais.

CHARLOTTE. – Tu avais la nuit pour dormir, vu que tu es à nouveau seule. *(Claire la regarde.)* Je sais que tu devais venir accompagnée, Élisabeth me l'a dit. Enfin, tu vas encore me parler de ton désir de liberté et d'indépendance.

CLAIRE. – Libre dans ma vie je suis… et menottée dans mon lit je suis aussi !

> *Claire rit de ce qu'elle vient de dire. Charlotte la regarde, stoïque.*

LE MAIRE, *voix off.* – Mesdames, je vous pose la question : a-t-il été fait un contrat de mariage ?

CHARLOTTE. – Quelle horreur !

CLAIRE. – Pourquoi ? On s'aime, on se quitte, chacun reprend sa mise.

CHARLOTTE. – T'es d'un romantisme…

CLAIRE. – Vous n'avez pas établi de contrat avec Paul ?

CHARLOTTE. – Jamais de la vie.

CLAIRE. – Vous vous sépareriez, ça lui coûterait bonbon à ton chirurgien.

CHARLOTTE. – Il n'est pas question que nous nous séparions. Avec Paul, nous nous aimons comme au premier jour. Nous nous sommes aimés au premier regard, si tu te souviens.

CLAIRE. – C'est vrai, c'était juste après trois sangrias, deux mojitos et quatre verres de punch, le coup de foudre !

LE MAIRE, *voix off.* – Mesdames et messieurs, levez-vous. Madame Élisabeth Demare, consentez-vous à prendre pour épouse Mme Bi Chang Kong?

CHARLOTTE. – Oh… *(Claire se retourne brutalement vers elle.)* Non, là c'est… le fait de voir deux êtres qui s'aiment et qui s'unissent pour le meilleur.

CLAIRE. – Et le pire, surtout pour le pire.

LE MAIRE, *voix off.* – Madame Bi Chang Kong, consentez-vous à prendre pour épouse Mme Élisabeth Demare?

CHARLOTTE. – Oh…

LE MAIRE, *voix off.* – Au nom de la loi, je déclare Mme Demare et Mme Chang Kong unies par le mariage.

> *Applaudissements dans la salle. Charlotte et Claire applaudissent également, mais Claire s'arrête rapidement pour changer de chaussures. Elles se rassoient.*

CHARLOTTE. – Qu'est-ce que tu fais?

CLAIRE. – Je libère mes pieds. Puis avec des talons j'ai toujours eu l'air d'un Shadok.

> *Elle prend ses tongs dans son sac pour les enfiler.*

CHARLOTTE. – Enfin, nous sommes à un mariage, Claire, pas à un tournoi de beach-volley!

CLAIRE. – Oh! que c'est bon! On s'en va là? *(Elle gesticule sur elle-même.)* Je n'en peux plus, je vais finir par me pisser dessus. *(Elle la pousse.)* Allez, bouge!

CHARLOTTE, *s'immobilisant face à elle.* – Pssss…

CLAIRE. – Tu n'es qu'une hyène !

CHARLOTTE. – On a reçu la même éducation, où sont passées tes bonnes manières ?

CLAIRE. – Avance !

CHARLOTTE. – La patience est une vertu des plus nobles.

CLAIRE. – Je te hais, Charlotte.

CHARLOTTE. – Moi aussi je t'aime, ma sœur.

NOIR

SCÈNE 3

Ambiance salle des fêtes communale. Claire regarde son téléphone en avant-scène. Charlotte entre avec une assiette et un verre à la main. Elle regarde autour d'elle et semble chercher quelqu'un.

CHARLOTTE, *parlant à quelqu'un au loin.* – Bonjour ! J'arrive ! À tout de suite. *(Voyant Claire.)* Oh ! Claire, encore avec ce portable ! *(Elle le cache derrière son dos. Temps. Les deux femmes se regardent.)* Maman te cherche. Elle vient de s'injurier avec papa et sa… très jeune pubère. Faut dire, il est là à faire le paon autour d'elle, il pourrait être son grand-père, c'est dégoûtant. Remarque, toi, vu tes mœurs, ça ne doit pas te choquer la pédophilie.

CLAIRE. – Pardon ?

CHARLOTTE. – Je dis ça, je dis rien, ça ne me regarde pas, mais reconnais que depuis ton divorce tu recherches exclusivement la chair fraîche.

CLAIRE. – Et alors ? Après des années de disette, c'est le nirvana. À croire que ce divorce a relancé ma libido. Tu devrais essayer, ça te ferait du bien.

CHARLOTTE. – Comment ? Mais ça va très bien avec Paul !

CLAIRE, *à elle-même.* – Bienvenue à Oui-Oui land !

CHARLOTTE, *regardant au loin aux quatre coins de la salle.* – D'ailleurs, tu ne l'as pas vu ? Tante Lucie le cherche, elle aimerait se faire remonter les seins.

CLAIRE. – Ils lui arrivent au nombril, c'est un châssis dont elle a besoin.

CHARLOTTE. – La chirurgie fait des miracles. Bon où est-il ? Ce que ça m'agace d'être toujours à le chercher !

CLAIRE. – La dernière fois que je l'ai vu, il sortait téléphoner.

CHARLOTTE. – Encore son travail ! Je peux te dire qu'il ne connaît pas la crise, lui.

CLAIRE. – C'est un bon filon de remonter les nichons. *(Charlotte croque dans un nem.)* C'est quoi que tu manges ?

Claire se sert et mange un nem.

CHARLOTTE. – Je t'en prie, sers-toi.

CLAIRE. – Dès que je croque dans un nem, je pense à Bastien, un étudiant en chimie, un tsunami érotique. On avait un petit jeu : chaque fois qu'il était excité et qu'il avait envie de me... *(Claire s'arrête devant le regard médusé de Charlotte.)* Oublie. Tu bois quoi ?

Charlotte lui tend son verre. Claire le sent.

CHARLOTTE. – Du saké. Le vin d'honneur est sponsorisé par Suzi Wan et Saké and Co.

CLAIRE. – Tu devrais y aller mollo, ça casse ces trucs-là.

Charlotte boit cul sec, Claire la regarde.

CHARLOTTE, *regardant sur sa gauche.* – Tiens, dis bonjour à notre cousine de Lille, elle te fait coucou.

CLAIRE. – On se voit tout à l'heure, Christine… Séverine.

CHARLOTTE. – Ça fait tellement longtemps que tu n'as pas vu la famille que t'en oublies les prénoms.

CLAIRE. – N'exagère pas.

CHARLOTTE. – Comment s'appelle le jeune homme à la cravate rouge là-bas ?

CLAIRE. – Loïc.

CHARLOTTE. – Ludovic.

CLAIRE. – Tu ôtes trois lettres, ça fait Loïc.

CHARLOTTE. – Et la dame avec le joli chapeau à la plume d'ara ?

CLAIRE. – T'es con, c'est maman.

CHARLOTTE. – Bravo ! On ne sait jamais, comme tu ne viens plus aux réunions de famille…

CLAIRE. – J'étais là à Noël chez Élisabeth, je te rappelle.

CHARLOTTE. – Oui, on va d'ailleurs éviter de trop s'en rappeler.

CLAIRE. – Tu dis que je ne viens plus aux réunions de famille. Qui m'en a exclue ?

CHARLOTTE. – À qui la faute ? Puis « exclue », ne sois pas excessive !

CLAIRE. – Quand même, c'est pas ma faute si…

CHARLOTTE, *lui coupant la parole.* – Tu ne t'es même pas excusée ! Te rends-tu compte que tu l'as jeté à la poubelle comme une vulgaire pelure ?! Mon petit Édouard…

CLAIRE. – Charlotte, c'était un chien, un chien mort !

CHARLOTTE. – Il était bien plus qu'un chien, il était toute ma vie ! Et toi, tu l'as balancé aux ordures !

CLAIRE. – Pour éviter que ça sente le rat crevé tout le week-end ! *(Temps.)* Puis je l'avais bien empaqueté, j'avais choisi le papier cadeau avec les petites fleurs ; lui qui adorait pisser dessus, je suis sûre que de là-haut il remuait sa petite queue. Je vais même te dire…

CHARLOTTE. – Tais-toi !

CLAIRE. – Charlotte…

CHARLOTTE. – Je ne veux plus rien entendre.

Temps.

CLAIRE. – O.K. Pardon si je t'ai causé de la peine, je ne m'étais pas rendu compte que ce chien avait autant d'importance pour toi.

CHARLOTTE. – Les enfants partis, Paul dévoué à son travail, lui seul me restait fidèle.

CLAIRE. – Pardon. *(Temps.)* Pardon Charlotte. *(Temps.)* J'ai dit pardon. *(Temps.)* Oh ! puis il puait ton clebs !

CHARLOTTE. – Comment ça, il puait ?

CLAIRE. – Il pétait ! Chaque fois qu'il montait dans ma voiture, cette saloperie de clebs pétait et s'en donnait à cœur joie.

CHARLOTTE. – Parce que tu lui faisais peur à toujours lui crier dessus.

CLAIRE. – Je refusais qu'il monte avec ses pattes sales sur mes sièges en cuir, j'ai le droit, non ?

CHARLOTTE. – Il faut que ça vive un chien, qu'est-ce que tu veux ?

CLAIRE. – Que mes sièges en cuir vivent encore après le passage de ton chien.

CHARLOTTE. – De toute façon, maintenant qu'il n'est plus là…

CLAIRE. – Vois le bon côté des choses. *(Regard noir de Charlotte.)* Si, il y a toujours un bon côté. Tu vas pouvoir voyager et ainsi aller rendre visite à Louis à New York, c'est bien aussi.

CHARLOTTE. – Il m'en parlait justement, je crois qu'il veut me faire une surprise, ça sent bon le mariage.

CLAIRE. – Ah oui ?!

CHARLOTTE. – Je l'ai surpris tout à l'heure en grande conversation téléphonique avec une certaine Sam.

CLAIRE. – Sam ?

CHARLOTTE. – Sam comme… Samantha.

CLAIRE. – Samantha ?

CHARLOTTE. – Quand tu es allée le voir il y a deux mois, il ne t'a présenté personne ?

CLAIRE. – Non.

CHARLOTTE. – Samantha… J'aime beaucoup ce prénom.

CLAIRE. – Moi j'avais un copain qui s'appelait Samuel et qu'on appelait Sam.

CHARLOTTE. – Oui mais c'était un copain, là au téléphone je l'ai entendu dire « I Love you so much Sam… »

CLAIRE. – … muel.

CHARLOTTE. – Quoi, « muel » ? Non, pas Samuel ! Il a dit « I love you so much Sam », ça ne peut donc pas être Samuel. C'est pas un mais deux mariages que je vais organiser l'année prochaine.

CLAIRE. – C'est qui l'autre ?

CHARLOTTE. – Sur mes trois enfants, je n'ai qu'un fils de marié : Charles avec sa connasse de Béatrice.

CLAIRE. – Charlotte !

CHARLOTTE. – Elle m'énerve tellement ! Trois ans qu'ils sont mariés et cette idiote est incapable de tomber enceinte. Passons. Pour en revenir à mon potager, Charles étant marié et Louis prêt à m'apprendre la bonne nouvelle avec Samantha, il nous reste… Marie ! Deux ans qu'elle forme un merveilleux couple avec Julien. Elle a décroché l'oiseau rare, c'est moi qui te le dis. Et je ne sais pas pourquoi mais je sens qu'eux aussi sont prêts à m'annoncer une bonne nouvelle.

CLAIRE, *sceptique.* – Tu sens beaucoup de choses, dis donc.

CHARLOTTE. – J'ai toujours été très fusionnelle avec mes enfants. *(Claire s'allume une cigarette.)* Qu'est-ce que tu fais ? Tu sais bien que j'ai horreur de l'odeur de cigarette.

CLAIRE. – Bah sors.

CHARLOTTE. – Tu n'es pas très aimable, tu sais, je comprends pourquoi tu es toujours seule.

CLAIRE. – Seule peut-être, mais heureuse… moi !

Elle regarde Charlotte avec insistance.

CHARLOTTE. – Je suis très heureuse.

CLAIRE. – Et tu le répètes tellement que ça en devient suspect.

Temps.

CHARLOTTE. – Bon. Tu veux un verre de saké ?

CLAIRE. – Non. Et à ta place je ferais attention, la soirée ne fait que commencer.

CHARLOTTE. – Et si j'ai envie d'en boire un autre, je suis libre moi aussi.

Elle part.

NOIR

SCÈNE 4

Deux chaises sont placées côte à côte face public pour illustrer les sièges d'une voiture. Claire est près de celle placée côté cour.

CLAIRE, *parlant côté jardin.* – Désolée, je n'ai qu'une place, je ne prends personne, eh non… ni tantine Huguette… *(À elle-même.)* Surtout tantine Huguette, elle prend deux places à elle seule, ma Smart n'est pas un semi-remorque ! *(Elle monte dans la voiture.)* Enfin seule !

CHARLOTTE, *arrivant précipitamment.* – Attends, Claire… Je viens avec toi. *(La porte est fermée. Charlotte tente d'ouvrir mais n'y arrive pas, Claire la regarde.)* Ouvre-moi !

CLAIRE. – Pour quoi faire ?

CHARLOTTE. – Comment ça pour quoi faire ? Pour faire le chemin ensemble !

CLAIRE. – Pourquoi ?

CHARLOTTE. – Claire !

CLAIRE. – Il y a de la place ailleurs, pourquoi veux-tu monter dans ma voiture ?

CHARLOTTE. – Parce que.

CLAIRE. – Parce que quoi ?

CHARLOTTE. – D'accord. Maman m'a dit : « Monte avec Claire, avec son caractère de chiottes elle est capable de faire demi-tour et de rentrer chez elle. »

CLAIRE, *à elle-même.* – Pourquoi je ne suis pas née dans un orphelinat ?

CHARLOTTE. – Allez, ouvre !

Claire lui ouvre la porte. Charlotte monte dans la voiture.

CLAIRE. – Fais attention avec tes talons, la moquette de Jennifer est neuve.

CHARLOTTE. – Jennifer ?

CLAIRE. – Ma Smart.

CHARLOTTE. – T'as appelé ce tas de ferraille…

CLAIRE, *lui coupant la parole.* – Dehors ! *(Temps.)* T'avais bien appelé ton chien Édouard.

CHARLOTTE. – Tu ne peux pas comparer un être vivant plein d'amour avec ce…

CLAIRE, *lui coupant la parole.* – Ce… ? *(Temps.)* J'aime ma voiture, je lui parle, donc quitte à lui parler je l'ai baptisée du prénom de Jennifer. Ça te pose un problème ? Et tu feras attention où tu poses tes paluches.

CHARLOTTE. – Pardon ?

CLAIRE. – J'ai tout nettoyé ce matin.

CHARLOTTE. – Ce que tu es maniaque avec ta…

CLAIRE, *lui coupant la parole.* – Ma…?

CHARLOTTE. – C'est à se demander si tu ne préfères pas ta « Jennifer » aux gens. *(Le portable de Claire sonne pour indiquer l'arrivée d'un SMS.)* C'est le tien ou c'est le mien? *(Temps.)* À mon avis c'est le tien. *(Temps.)* À mon avis tu as reçu un SMS. *(Temps.)* À mon avis tu devrais regarder.

CLAIRE. – On y va? *(Elle démarre la voiture. Charlotte a un toc d'angoisse.)* Tu ne devais pas aller voir quelqu'un?

CHARLOTTE, *très angoissée.* – Tu as combien de kilomètres au compteur? *(Devant le regard de Claire.)* J'y suis allée mais rien à faire, je ne peux plus conduire, je n'y arrive plus. Chaque fois que je prends le volant, je compte les kilomètres, la route défile, les années passent dans ma tête et arrivée à destination je suis vieille, fripée, un premier pied dans la tombe, les carottes sont cuites.

CLAIRE. – Je sens que la route va être longue.

CHARLOTTE. – Ne me dis pas ça! On est à combien de kilomètres de l'auberge?

CLAIRE. – Une vingtaine.

CHARLOTTE. – Je vais donc voir défiler les vingt prochaines années de ma vie.

CLAIRE. – Je peux quand même démarrer? Allez, accroche-toi, Nicole, on décolle! *(Charlotte exprime un visage fermé et tendu.)* Respire quand même. *(Charlotte inspire et expire bruyamment.)* Ça va, tu ne sens pas encore le sapin?

CHARLOTTE. – Le psy m'a expliqué que ma peur de conduire était due au fait que je ne me sentais plus maîtresse de mon destin.

J'assimile les kilomètres aux années. Plus les années passent et moins je me sens maîtresse du véhicule de ma vie. Je ne veux pas vieillir.

CLAIRE. – Tu vieillis, ma vieille.

CHARLOTTE. – Tu n'as aucune preuve. *(Claire la regarde, surprise par la réponse.)* Regarde la route.

CLAIRE. – Si t'étais pas ma sœur…

CHARLOTTE. – Je suis ta sœur. *(Claire s'allume une cigarette.)* Encore ?!

CLAIRE. – Ça me maintient éveillée. Et puis je suis dans ma voiture, je fais ce que je veux.

Temps.

CHARLOTTE. – Tu es fatiguée, Claire. Ne dis pas le contraire, je le vois.

CLAIRE. – Je bosse pas mal en ce moment.

CHARLOTTE. – Ça ! Ouvrir une troisième agence…

CLAIRE. – Une hérésie, je sais !

CHARLOTTE. – Tu ne vas pas me dire que l'immobilier se porte bien ?! Enfin ce que j'en dis… Madame a toujours voulu jouer les working girls… Réussir et ne rien devoir à personne… À quel prix ?!

CLAIRE. – Celui de la liberté ! C'est sûr que pour toi, l'ambition est le soldat inconnu de ton vocabulaire.

CHARLOTTE. – Comme pour toi le mot « famille » ? *(Temps.)* Enfin tout ça pour dire que je te trouve un peu fatiguée et que je m'inquiète, tu restes ma sœur… Ça, c'est l'esprit de famille.

Charlotte passe la tête par la fenêtre.

CLAIRE. – Qu'est-ce que tu fais ?

CHARLOTTE. – Ça pue dans ta voiture.

CLAIRE. – Ce que tu peux être pénible !

CHARLOTTE, *criant.* – Attention, lapin ! *(Claire donne un coup de volant. Charlotte se retourne brusquement vers l'arrière.)* Il est où ? Mon Dieu, on a tué Panpan !

CLAIRE. – Ho ! hé ! Entre Dumbo et Panpan, faudrait penser à quitter le monde de Mickey.

CHARLOTTE. – Panpan était le personnage préféré de Charles. À cinq ans il s'était mis aux claquettes pour l'imiter, tu te souviens ? Ce qu'il était drôle mon petit lapinou ! Il s'amusait à taper du pied comme Panpan avec un rythme bien à lui. Ça faisait…

Charlotte va pour taper son pied sur le sol.

CLAIRE, *menaçante.* – Amuse-toi à essuyer tes godasses pleines de crottes et je te descends sur-le-champ.

CHARLOTTE. – Comment ça, pleines de crottes ?!

Le portable de Charlotte sonne. Il s'agit de la musique de « It's a Small World », attraction du parc Disneyland.

CLAIRE. – C'est quoi ça ?

CHARLOTTE. – La maison des poupées ! La première fois que j'ai emmené les enfants à Disney, on a fait l'attraction huit fois, t'imagines ?

CLAIRE. – Pas bien, non.

CHARLOTTE. – Chaque fois que j'entends cette musique, c'est comme si mes bébés étaient là, ça me rappelle… *(Claire lève les yeux* *au ciel et souffle.)* Tiens, justement, c'est… *(Décrochant.)* Allô! Ma bichette, des nouvelles de Julien?… Pourquoi tu t'énerves?… Je t'ai posé la question il y a vingt minutes?… Oui, je lui dis. *(À Claire.)* Ta fille est arrivée avec Franck. *(Au téléphone.)* Nous ne devrions pas tarder, à moins que ta tante décide d'écraser Bambi, plus volumineux que Panpan, ce qui engendrerait plus de dégâts. À tout de suite… *(Elle fait des petits bisous dans le téléphone et raccroche.)* Avant que tu me demandes, « Bambi » est le premier film que Marie a vu au cinéma. Comme tu vois, chacun de mes trésors a son petit personnage porte-bonheur. C'est mignon, non?

CLAIRE. – C'est très con. Tu ne crois pas qu'il serait temps de couper le cordon? Tes enfants sont grands.

CHARLOTTE. – Mais ils restent mes bébés.

CLAIRE. – En âge de faire à leur tour des bébés.

CHARLOTTE. – Mon rêve!

CLAIRE. – Avec ta phobie de vieillir, t'as pas peur qu'on t'appelle « mémé »?

CHARLOTTE. – Rien ne me fait peur tant qu'il s'agit de la famille.

CLAIRE. – Ça aussi, c'est très con.

CHARLOTTE. – Tu crois qu'Élisabeth et Bi vont nous faire des bébés?

Temps.

CLAIRE. – D'après ce que j'ai cru entendre, le gendre idéal n'est toujours pas arrivé.

CHARLOTTE. – Je ne comprends pas, lui qui est d'une ponctualité irréprochable…

CLAIRE. – Ils sont peut-être séparés.

CHARLOTTE. – Qu'est-ce que tu racontes ? Ils sont sur le point de se marier et de nous faire des bébés.

CLAIRE. – Que tu supputes !

CHARLOTTE. – Que je ne suppute rien du tout, c'est la vérité ! Et si on chantait, ça m'aiderait à me calmer.

CLAIRE. – Ah non.

CHARLOTTE. – S'il te plaît, Claire. *(Claire souffle en levant les yeux au ciel.)* Merci. Alors qu'allons-nous… Oh oui ! Rappelle-toi… *(Tapant avec les mains sur ses genoux, elle commence à chanter.)* « Ah ! tut tut pouet pouet la voilà, la totomobile. Ah ! tut tut pouet pouet la voilà, qu'est-ce qu'elle fait donc là ? » *(À Claire.)* Tu te souviens comme on adorait chanter ça avec les parents ?

CLAIRE. – Non.

CHARLOTTE. – Mais si… *(Reprenant à pleins poumons.)* « Ah tut tut pouet pouet la voilà, la totomobile. Ah ! tut tut pouet pouet la voilà, qu'est-ce qu'elle fait donc là ? » Ça ne te dit rien ? Malheureusement, je ne me souviens que du refrain. *(Elle reprend en frappant dans ses mains.)* « Ah ! tut tut pouet pouet la voilà, la totomobile. Ah ! tut tut pouet pouet la voilà, qu'est-ce qu'elle fait donc là ? »

CLAIRE. – Stop ! On se tait maintenant. *(Charlotte se tait, un peu vexée.)* J'ai besoin d'entendre le cœur de Jennifer quand je conduis.

CHARLOTTE. – Le moteur, tu veux dire. *(Indiquant le tableau de bord.)* Pourquoi elle clignote, là, Jennifer ?

Claire. – On va croiser un tracteur. *(Temps. Devant le regard surpris de Charlotte.)* Ne me demande pas, dès qu'on croise un tracteur elle se met à clignoter.

Charlotte. – Ça me rappelle le film « Christine », cette voiture qui avait une âme et qui tuait les gens. Et si Jennifer avait une âme ? Et si elle décidait de nous empaler dans un arbre ? Et si je ne revoyais plus jamais mes enfants ? Et si…

Claire. – La ferme ! *(Temps.)* On va faire un nouveau jeu.

Charlotte. – Bonne idée, ça va me détendre. Lequel ?

Claire. – La prochaine qui l'ouvre, elle saute en marche.

Les deux se regardent. Temps.

NOIR

SCÈNE 5

Charlotte est accoudée à un comptoir, une coupe de champagne à la main. Elle regarde au loin et semble totalement désabusée. Un début de sirtaki débute.

D.J., *voix off.* – Allez, tous en piste, pour Élisabeth et Bi, en souvenir de leur premier voyage en Grèce ! *(À Charlotte.)* Vous madame, oui, vous, la sœur aînée, en piste, votre sœur compte sur vous pour l'ambiance. *(Charlotte grimace mais se décide à prendre le rythme.)* Et avec le sourire c'est encore mieux.

Charlotte sourit faussement. Claire arrive vers elle, elle semble en colère.

CLAIRE. – Toi ! Oh oui ! Toi !

D.J., *voix off.* – Et voici la deuxième merveilleuse sœurette !

CHARLOTTE. – Claire, en rythme et avec le sourire.

CLAIRE. – C'est toi qui as fait le plan de table.

CHARLOTTE, *en rythme.* – La musique adoucit les mœurs, alors s'il te plaît…

CLAIRE. – M'adoucir ? Alors que grâce à toi je me retrouve ce soir entre abruti et tête de fion et leurs bécasses respectives ? Donnez-moi un fusil, je vais faire un carnage !

CHARLOTTE. – Ne dépasse pas les bornes, Claire. S'il y en a une qui devrait faire un carnage, c'est moi, alors s'il te plaît…

D.J., *voix off.* – Allez, les filles, en cadence !

Les deux sont en rythme.

CHARLOTTE. – Tu le savais.

CLAIRE. – Que tu m'avais placée à la table des gagnants ? Non, je l'ignorais, surprise ! Pourquoi tant de haine, Charlotte ?

CHARLOTTE. – Pour Marie, tu le savais.

CLAIRE. – De quoi tu me parles ?

CHARLOTTE. – Elle quitte Julien.

CLAIRE. – Non ?!

CHARLOTTE. – Dans la voiture, tout à l'heure, tu as dit qu'ils allaient se séparer.

CLAIRE. – Enfin, j'ai dit ça comme j'aurais pu dire : « Tiens, le soleil brille, il va pleuvoir des capotes. » *(Charlotte la regarde, perplexe.)* Oublie.

Elle quitte le sirtaki et Claire la suit. La musique s'arrête.

CHARLOTTE. – Tu le savais.

CLAIRE. – Bien sûr que non.

CHARLOTTE. – Deux semaines qu'ils sont séparés.

CLAIRE. – Waouh! Et elle t'annonce ça le jour du mariage d'Élisabeth? Elle a choisi son moment ta fille.

CHARLOTTE. – Elle n'avait pas prévu de me le dire aujourd'hui, mais paraît-il que je n'ai cessé de la harceler sur l'absence de Julien.

CLAIRE, *ironique*. – T'as fait ça, toi? C'est pas ton genre.

CHARLOTTE. – Ah! on est bien d'accord!

CLAIRE. – Bon, voyons le bon côté des choses.

CHARLOTTE. – …

CLAIRE. – Pas de mariage, pas de divorce.

CHARLOTTE. – Tu plaisantes?! *(Effondrée.)* Elle le quitte avant même de m'offrir un mariage et des bébés!

CLAIRE. – Elle t'en fera avec un autre.

CHARLOTTE. – Je ne crois pas.

CLAIRE. – Mais si, un de perdu…

CHARLOTTE, *se retournant vers elle violemment*. – Elle m'a annoncé qu'elle se refusait au rôle de mère!

CLAIRE. – … un de perdu.

CHARLOTTE. – Elle juge l'avenir trop apocalyptique pour donner vie à des innocents. Mais comme elle n'imagine pas sa vie sans enfants, elle part s'exiler en Afrique soigner les petits orphelins.

CLAIRE. – Une sainte! T'as mis au monde une sainte, elle s'engage pour une noble cause.

CHARLOTTE. – Si tu savais comme je m'en fous de la noble cause! Moi qui avais annoncé partout que Marie serait bientôt maman, que vont dire nos amis? Je vais être la risée de tous à Megève!

CLAIRE. – Vous en profiterez pour partir ailleurs, ça changera.

CHARLOTTE. – On ne peut pas, Paul adore la montagne. Plus de vingt ans que nous nous retrouvons dans ce chalet familial été comme hiver, c'est une tradition.

CLAIRE. – Moi j'appelle ça une punition. Si tu n'avais pas...

CHARLOTTE, *la coupant.* – Je sais ce que tu vas dire. Mon erreur a été de lui laisser croire dès le début que moi aussi j'adorais la montagne.

CLAIRE. – Impose-toi, Charlotte! Et comme ça l'année prochaine vous partez seuls... aux Bahamas! Ça changera.

CHARLOTTE. – Quand tu dis seuls... Seuls comment?

CLAIRE. – Ben seuls... tous les deux, histoire de vous retrouver avant qu'il soit trop tard.

CHARLOTTE. – ...

CLAIRE. – Charlotte, je ne voudrais pas me mêler de ce qui ne me regarde pas mais... ton couple est aussi glamour qu'une feuille d'imposition.

CHARLOTTE. – T'as raison, ne t'en mêle pas.

CLAIRE. – Charlotte...

CHARLOTTE. – De toute façon, oublie les Bahamas, Paul y est allé le mois dernier pour un congrès de chirurgiens plastiques. *(Claire éclate de rire.)* Qu'est-ce qu'il y a de drôle?

CLAIRE. – Un congrès de chirurgiens plastiques, aux Bahamas? *(Elle rit.)*

CHARLOTTE. – Je ne vois vraiment pas…

CLAIRE. – Combien de temps le congrès?

CHARLOTTE. – Une semaine. *(Claire rit de plus belle.)* Arrête, tu m'agaces! Retourne à ta table, de toute façon tu ne comprends jamais rien à rien.

CLAIRE. – Charlotte, tu es trop parfaite avec ton mari, les hommes ont horreur des béni-oui-oui. D'ailleurs, à ton avis, qu'est-ce qu'un homme préfère chez une femme? *(Temps.)* Je t'écoute.

CHARLOTTE. – Son intellect.

Claire rit.

CLAIRE. – Les chieuses! Les hommes ont toujours préféré celles qui avaient l'art d'être des emmerdeuses.

CHARLOTTE. – Tu sais de quoi tu parles, tu es divorcée.

CLAIRE. – Mais libre!

CHARLOTTE. – Mais seule.

CLAIRE. – C'est quoi ton problème?

CHARLOTTE. – Je n'ai aucun problème.

CLAIRE. – O.K.

CHARLOTTE. – J'aime mon couple que tu le veuilles ou non.

CLAIRE. – O.K. Alors si tu veux le sauver, ton couple, ventile-le et à coups de caprices s'il le faut. Vous vous encroûtez comme deux vieux pâtés.

CHARLOTTE. – C'est très bon le pâté avec des petits cornichons.

CLAIRE. – Charlotte, qu'est-ce qu'on dit ? Trop bonne…

CHARLOTTE. – Mais je ne sais pas être une emmerdeuse, moi.

CLAIRE. – Oh ! que si ! Tu sais. Peut-être pas avec ton mari, mais avec les autres t'es sur le podium. Un premier conseil : commence par arrêter d'être toujours satisfaite.

CHARLOTTE. – Ah ! ça c'est bien !

CLAIRE, *criant.* – Arrête le « ça c'est bien » ! Oublie les « oui, merci, s'il te plaît, merveilleux » et opte pour « c'est tout, bof, pas terrible, non ».

CHARLOTTE. – Vingt-cinq ans que je dis oui à tout, ça va être compliqué de faire marche arrière.

CLAIRE. – Tout animal se dresse et un homme mieux encore. Autre chose : sois autoritaire ! « Range tes chaussettes ! Promène le clebs ! Prends-moi là maintenant tout de suite ! » Il se rebelle ? Deux cents abdos sur-le-champ. À toi !

CHARLOTTE, *timidement.* – Range tes chaussettes, promène le clebs…

CLAIRE. – C'est nul ! Optons pour l'emmerdeuse jalouse. Deviens un rapace, traque la moindre erreur. Il regarde une femme passer dans la rue : injurie-le ! Il rentre à la maison avec cinq minutes de retard : suspecte-le ! *(Charlotte, par des mimiques, tente de jouer l'emmerdeuse jalouse, en vain.)* O.K., il nous reste l'emmerdeuse capricieuse. Imagine, tu es devant une vitrine de bijouterie avec Paul… « Oh ! le joli bracelet ! Hein, minou ? Dieu qu'il est joli ce joli bracelet ! » Et hop ! la moue séductrice avec le regard de braise… *(Elle simule une moue séductrice avec un regard de braise.)* Le soir, dans le lit, en nuisette sexy, tu rejoues la scène. *(Elle se caresse le corps.)* « Oh! le joli bracelet que nous avons vu dans la jolie boutique! Dieu qu'il m'irait bien! Hein, minou? » Et minou tout excité n'a d'autre issue que le « oui ».

CHARLOTTE. – Ai-je vraiment besoin de tous ces artifices?

CLAIRE. – Par expérience, un caprice en nuisette offre plus de résultats qu'une simple suggestion en jogging. Mais attention, le caprice est au couple ce que le beurre est au fondant au chocolat : trop, ça écœure. Maintenant à toi les vacances de rêve!

CHARLOTTE. – J'adorerais Rome, Venise, Florence… Toutes ces villes et ces musées remplis d'histoire.

CLAIRE. – « Ciao bella Italia… »

CHARLOTTE. – Seulement dès que je parle de musées à Paul, il répond : « Pour quoi faire? Les tableaux sont sur Internet. »

CLAIRE. – Impose-toi, Charlotte!

CHARLOTTE. – T'as raison, je vais aller lui parler et tout de suite.

CLAIRE. – La dernière fois que je l'ai vu, il palpait les seins de la cousine Sylvie à l'arrière du parc.

CHARLOTTE. – Encore une qui veut grossir sa poitrine.

CLAIRE. – Elle fait déjà un 95E.

Temps. Charlotte répond par un léger sourire. Elle sort.

NOIR

SCÈNE 6

Une porte est en milieu de scène. Un lavabo est posé en avant-scène. La porte s'ouvre. Claire entre en dansant sur la chanson « I Will Survive » de Gloria Gaynor que l'on entend. Elle se remaquille tout en entamant une petite chorégraphie. Charlotte arrive et claque la porte. La musique s'arrête. Claire se refait une beauté.

CHARLOTTE. – Oh! ce qu'il fait chaud! Une véritable fournaise! Puis ce D.J., mon Dieu qu'il est mauvais!

Elle souffle et se positionne au-dessus du lavabo. Elle regarde face public comme s'il s'agissait d'une glace. Elle s'essuie délicatement le visage avec un essuie-main.

CLAIRE. – Qu'est-ce que t'es rabat-joie! Comment tu trouves le petit D.J.?

CHARLOTTE. – Comme un enfant de vingt ans qui pourrait être ton fils.

CLAIRE. – Vingt-deux. Je le lui ai demandé.

CHARLOTTE. – Je ne sais pas comment tu fais pour sortir avec des gamins dont le lait maternel colle encore au coin des lèvres.

CLAIRE. – J'ai souvenir qu'à une époque ça ne te déplaisait pas les petits jeunes.

CHARLOTTE. – …

CLAIRE. – Dario, le fils de la voisine.

CHARLOTTE. – Tu ne vas pas recommencer… puis nous n'avions que quelques années d'écart.

CLAIRE. – À l'adolescence, les années s'apparentent à des décennies, salope ! J'étais folle amoureuse de lui et t'es sortie avec, juste pour m'humilier.

CHARLOTTE. – C'est pas ma faute s'il préférait les femmes expérimentées.

CLAIRE. – Il en avait treize, toi dix-sept, laisse-moi rire !

CHARLOTTE. – Et toi tu étais beaucoup plus jeune, un garçon à cet âge-là ne regarde pas les bébés. D'autant qu'il faisait beaucoup plus que son âge. En attendant, je ne me suis jamais envoyé les copains de lycée de ma fille.

CLAIRE. – Moi non plus.

CHARLOTTE. – …

CLAIRE. – Il était majeur ! Et ce n'était pas un copain de Julie.

CHARLOTTE. – Mais il était lycéen.

CLAIRE. – Il avait redoublé deux fois.

CHARLOTTE. – Un intellectuel.

CLAIRE. – Je ne plais plus aux hommes de mon âge qui préfèrent les gamines, je fais pareil.

CHARLOTTE. – Tous les hommes ne sont pas comme tu dis. Regarde Paul. *(Claire la regarde.)* Ah! au fait, Élisabeth m'a avertie qu'un homme te cherchait.

CLAIRE. – Ah ouais… Et il est mignon?

CHARLOTTE. – Pas vu. Apparemment il arrive de Paris pour te parler, un dénommé Richard. *(Claire se fige. Temps.)* Ça va? *(Claire répond par un signe de tête.)* Ce n'est pas quelqu'un qui te veut du mal, j'espère?

CLAIRE. – Non, t'es folle!

CHARLOTTE. – On ne sait jamais, comme tu te vantes toujours de multiplier les partenaires, on n'est jamais à l'abri d'une mauvaise rencontre.

CLAIRE. – T'inquiète.

CHARLOTTE. – Bien. *(Temps.)* Alors c'est qui ce Richard?

CLAIRE. – Mon dentiste.

CHARLOTTE. – Ton dentiste?

CLAIRE. – Il m'apporte sûrement le devis que je lui ai demandé pour la pose de trois couronnes. Il est très consciencieux.

CHARLOTTE. – Tu te moques de moi? *(Le téléphone de Charlotte sonne.)* Allô!… Oui, mon chéri… Non, je suis avec Claire aux toilettes… Oui, je t'écoute. Tu es… D'accord, j'arrive. *(Elle raccroche.)* C'est Louis, il veut me parler.

CLAIRE. – Et il t'appelle pour te dire ça?

CHARLOTTE. – Il m'a vue entrer ici, il est à côté chez les hommes, je ne sais pas ce qui se passe, il me demande de le rejoindre sur-le-champ.

CLAIRE. – Il est malade ?

CHARLOTTE. – Je te dirai ça après, j'y vais.

Elle sort. La porte reste ouverte.

CLAIRE, *à elle-même.* – Avec tout ce que vous vous enquillez comme saké aussi !

D.J., *voix off.* – Maintenant, mesdames et messieurs, chanson d'amour, chanson toujours, n'oubliez pas de lever vos mains et tous ensemble célébrons l'amour d'Élisabeth et de Bi.

Les premières notes de la chanson « I Love to Love » de Tina Charles commencent. Claire chantonne quelques instants, puis son téléphone sonne.

CLAIRE. – Non, non, non et non ! Pas maintenant. *(Charlotte entre sans que Claire la voie. Elle éteint la sonnerie et s'adresse à son portable.)* Arrête de m'appeler, je t'en prie, arrête, Richard. *(Claire voit soudainement Charlotte qui la fixe du regard. Elle sursaute.)* Quoi ? Ça t'arrive jamais de parler toute seule ?!

CHARLOTTE. – Tu savais.

CLAIRE. – Encore ?!

CHARLOTTE. – Là, tu savais.

CLAIRE. – Joker.

CHARLOTTE. – Pourquoi moi ?

CLAIRE. – Tu peux me dire ce qui…

CHARLOTTE. – Sam ! Pas Sam comme Samantha, Sam comme Samuel ! Le prénom de son soi-disant colocataire. Tu savais, vieille peau de hareng !!! Qu'ai-je fait au bon Dieu pour mériter un tel châtiment? Je prie matin et soir, je suis une bonne catholique, pourquoi moi?

CLAIRE. – À mon avis, trop de prières tuent la prière. Tu pries pour qu'il pleuve pour ton jardin, pour qu'il fasse beau pour la promenade, pour que les haricots soient bien cuits et le soufflé bien monté, pour aussi…

CHARLOTTE. – Tais-toi! Oh! mon Dieu! Mon fils est un…

Temps.

CLAIRE. – … homosexuel?

CHARLOTTE. – Je vais vomir.

CLAIRE. – Enfin, excuse-moi mais être gay aujourd'hui, c'est devenu d'un banal!

CHARLOTTE. – Banal peut-être, normal non!

CLAIRE. – Ce que t'es pénible avec ta normalité!

CHARLOTTE. – Dieu a créé les hommes et les femmes, ce n'est pas pour que chacun vive de son côté! Il nous a créés pour que nous soyons parfaitement encastrables les uns avec les autres.

CLAIRE. – Je te rassure : deux hommes s'encastrent aussi bien que des Lego.

CHARLOTTE. – Non, Claire, épargne-moi ta vulgarité, pas dans un moment aussi grave.

CLAIRE. – Tu es fatigante, Charlotte.

CHARLOTTE. – C'est facile pour toi. Si ta fille t'annonçait qu'elle était…

Temps.

CLAIRE. – … homosexuelle.

CHARLOTTE. – Oh…

CLAIRE. – Eh non, pas de bol, elle ne l'est pas. Elle va même se marier avec Franck.

CHARLOTTE. – L'ingénieur en aéronautique ? *(Claire acquiesce.)* À seize ans ?!

CLAIRE. – Elle fait tout en avance. Son bac à quinze ans nous avait déjà surpris avec son père, mais qu'elle commence sa vie affective si tôt… Que veux-tu ? Elle a rencontré ce garçon dans cette école d'ingénieur, ils sont tombés fous amoureux l'un de l'autre. Et pour tout te dire, elle est enceinte.

CHARLOTTE. – Je vais tomber.

CLAIRE. – Charlotte…

CHARLOTTE. – Tu vas devenir grand-mère avant moi ?

CLAIRE. – Ce doit être héréditaire cette volonté de pondre si tôt.

CHARLOTTE. – Pourquoi chez les miens c'est pas héréditaire ?

CLAIRE. – Et pour tout te dire, elle attend des jumeaux.

CHARLOTTE. – Deux d'un coup ?!

CLAIRE. – Le principe des jumeaux.

CHARLOTTE. – Je veux mourir.

CLAIRE. – Arrête !

CHARLOTTE. – J'ai raté ma vie, alors que j'ai toujours tout consacré à ma famille. J'ai quitté mon travail d'infirmière à l'arrivée de Charles pour élever dignement mes enfants, que nous soyons une famille heureuse et comblée. Nous avons acheté cette belle maison avec Paul en pensant à l'avenir de nos enfants, de nos petits-enfants. Résultat : un pédé, une sainte et un fils stérile.

CLAIRE. – Je m'attendais à une grosse journée comme à chaque réunion de famille, mais là on décroche la queue du Mickey.

CHARLOTTE. – J'ai tout raté avec mes enfants ? Où ai-je péché avec Louis ? Tu peux me dire ?

CLAIRE. – « Péché » ? Écoute, l'homosexualité c'est pas…

CHARLOTTE, *lui coupant la parole.* – C'est les Grecs, c'est ça ! Un été, on a envoyé Louis à Mykonos pour un stage de voile… Mon Dieu, les Grecs ont perverti mon petit ! Ou bien c'est Élisabeth et sa Bi, elles ont converti mon fils !

CLAIRE. – Non mais tu débloques !

CHARLOTTE. – Comment je n'ai rien pu voir ? Il y a une contagion dans la famille, ce n'est pas normal.

CLAIRE. – Tu ne veux pas arrêter avec ta normalité ? C'est notre famille qui est normale, avec des personnalités épanouies et qui s'assument pleinement. Personne n'est identique, la normalité n'existe pas, il n'y a que chez les gens avec des œillères qu'on pense ça ! Ce sont eux qui ne sont pas normaux à vouloir un même système de pensée et de comportement pour tous. Ton Dieu n'a jamais parlé de clonage, si ? Moi je dis, tes enfants sont heureux, c'est l'essentiel.

CHARLOTTE. – Comment t'as fait toi ? Je suis pourtant meilleure mère que toi. Non mais c'est vrai, avec Paul nous avons éduqué nos enfants dans le respect des valeurs, en leur inculquant un modèle de vie que nous représentions, Paul et moi.

CLAIRE. – Vu le modèle, ils ont pris peur, je ne vois que ça.

CHARLOTTE. – On leur a offert un vrai cadre de vie alors que toi tu as toujours vécu comme une... dépravée.

CLAIRE. – Dépravée ?

CHARLOTTE. – Tu n'as jamais eu aucune stabilité affective, reconnais !

CLAIRE. – Alors comment te dire pour ne pas être désagréable...

CHARLOTTE. – Vas-y, achève-moi, au point où j'en suis ! Je n'aurais jamais dû arrêter mon métier d'infirmière, tout se passait bien à l'hôpital, là-bas au moins j'étais aimée par tous.

CLAIRE. – Sauf par les malades.

CHARLOTTE. – Oh ! c'est petit ça !

CLAIRE. – Deux patients se sont quand même retrouvés avec une paralysie faciale pendant six mois.

CHARLOTTE. – J'avais interverti deux produits, la belle affaire ! Personne n'est mort. Quand Paul m'a demandé de quitter l'hôpital, je n'ai pas hésité un instant à sacrifier ma vie professionnelle. Et aujourd'hui on me remercie comment ?

CLAIRE. – Tous les malades de France te remercient.

CHARLOTTE. – Je n'ai plus d'avenir professionnel, plus d'avenir familial, tout ce qu'il me reste c'est Paul.

CLAIRE, *à elle-même.* – On n'est pas dans la merde.

CHARLOTTE. – Il est beaucoup pris par son travail, ce n'est pas toujours facile pour se retrouver.

CLAIRE. – Surtout s'il part souvent aux Bahamas.

CHARLOTTE. – Je vais aller le voir, j'ai besoin de le toucher, de le sentir, il est tout ce qu'il me reste. *(Temps.)* Tu es d'accord, il me reste toujours mon mari ?

Temps.

CLAIRE. – Bien sûr.

Charlotte laisse entrevoir un léger sourire. Elle sort.

NOIR

SCÈNE 7

La chanson « Gimme Hope Johanna » de Die Campbells démarre. Claire se fait embarquer contre sa volonté dans la danse.

CLAIRE. – Non, pas la chenille… Non, pas la chenille… Oh…

Elle se met à danser, simulant une chenille. Charlotte entre dans une tenue provocante mettant en avant sa poitrine et retire Claire de la danse. Le son de la musique diminue.

CHARLOTTE. – Alors ?

Temps. Claire la scrute des pieds à la tête.

CLAIRE. – Ils embauchent à Pigalle ?

CHARLOTTE. – Je fais comme tu m'as dit : je pars reconquérir Paul, qu'il voie à quelle femme il a affaire.

CLAIRE. – Habillée comme ça ?!

CHARLOTTE. – Tu m'as dit la nuisette plutôt que le jogging ; je n'ai pas de nuisette mais j'ai des seins.

CLAIRE. – Et tout le monde en profite bien. *(À quelqu'un qui passe.)* C'est rien, Claude, Jacques je le savais… Charlotte va faire une surprise à son mari.

CHARLOTTE. – Bon, où est Paul? Je veux qu'il prenne conscience de la jolie femme qu'il a sous la main. Alors, qu'en penses-tu? *(Elle fait une moue séductrice tout en se déhanchant.)* Pas mal, la moue, hein? Avec ça, je vais exiger qu'il me fasse l'amour sur-le-champ.

CLAIRE. – Au milieu des gens?!

CHARLOTTE. – Je veux qu'il m'aime, je veux lui plaire, je veux qu'il me prenne là maintenant tout de suite.

CLAIRE. – O.K., O.K., O.K. Tu ne veux pas aller te changer avant?

CHARLOTTE. – Claire, je dois sauver mon couple, c'est tout ce qu'il me reste.

CLAIRE. – N'exagère pas, t'as toujours une famille, tes amies, ton centre de SPA, puis aussi le refuge pour les « en fin de vie » dont tu t'occupes, comment ça s'appelle déjà? Ah oui : « Sauvons les petits vieux ».

CHARLOTTE. – « Sauvons les petits vieux »? Enfin, Claire, c'est une association qui aide les personnes âgées abandonnées à lutter contre la solitude!

CLAIRE. – Donc t'es pas seule, entre tes animaux et tes vieux au bord de la route… C'est fort chez toi le sentiment d'abandon, non?

CHARLOTTE. – J'aime m'occuper des autres.

CLAIRE. – Un peu trop, non?

CHARLOTTE. – À une époque, personne ne s'en plaignait. Quand papa est parti, qui a repris la maison en main pendant que maman passait ses jours et ses nuits à pleurer? Qui?

CLAIRE. – Toi.

CHARLOTTE. – Qui s'occupait de toi et Élisabeth ? Qui lui donnait son bain à notre petite sœur ? Qui était toujours là pour vous ?

CLAIRE. – Toi !

CHARLOTTE. – J'ai toujours été là quand vous aviez besoin et maintenant on me le reproche ?

CLAIRE. – Il ne s'agit pas de ça…

CHARLOTTE. – La seule chose qui compte aujourd'hui, c'est de m'occuper de mon mari.

CLAIRE. – Parce qu'il s'occupe de toi, lui ?

CHARLOTTE. – On s'en moque, je veux le garder et je vais tout faire pour lui plaire à nouveau.

CLAIRE. – O.K., mais n'improvise pas, pas toi.

CHARLOTTE. – Alors coache-moi !

CLAIRE. – Non.

CHARLOTTE. – Je t'en prie, Claire… *(Elle fait une moue de séduction.)* Coache-moi !

CLAIRE. – Écoute… *(Devant la moue séductrice de Charlotte.)* O.K. Avant toute chose, faisons un état des lieux. Tout d'abord, est-ce que vous faites toujours l'amour ?

CHARLOTTE. – Elle est indiscrète ta question.

CLAIRE. – C'est donc non. T'as toujours envie de lui ? *(Temps.)* Toujours non. Bon, première chose à faire : prends-toi un amant !

CHARLOTTE. – …

CLAIRE. – Pas un amant pour la vie mais un amant pour une nuit ou deux ou trois, enfin tu vois, mais histoire de relancer la machine.

CHARLOTTE. – La libido, tu veux dire.

CLAIRE. – Et le mécanisme aussi. Avec le temps on devient aussi souple qu'une jambe plâtrée avec l'aisance d'une mouche en fin de vie, si tu vois ce que je veux dire.

CHARLOTTE. – Et Paul, sa machine à lui? Je sens bien qu'il ne me désire plus.

CLAIRE. – Surprends-le! Quand vous vous retrouvez à deux… *(Comme si elle attendait une réponse qui ne vient pas.)* Bon, ben, vous parlez de quoi? Des problèmes intestinaux de l'un, des verrues de l'autre, entre les deux on se retire les points noirs. Déjà, les tue-l'amour, on oublie.

CHARLOTTE. – On va parler de quoi?

CLAIRE. – Tu ne parles pas! Ce sera sa première belle surprise.

CHARLOTTE, *un peu gênée*. – Crois-tu qu'il faille que j'investisse dans un canard ou… un rabbit?

CLAIRE. – Non… Tu connais l'existence des sex-toys?! *(Charlotte acquiesce de la tête.)* Tu cherches à séduire ton mari ou à mettre tous les hommes hors de ton lit?

CHARLOTTE. – Trop tard.

CLAIRE. – T'en as acheté un?!

CHARLOTTE. – Un… Et si tu veux tout savoir, c'est avec Kévin que je vibre le plus.

CLAIRE. – Kévin?

CHARLOTTE. – Mon king rabbit.

CLAIRE. – Et tu comptes bientôt présenter Kévin à Paul? Si tu veux user de quelques artifices, commence par utiliser ce que tu as chez toi. Tiens, prenons le plateau du petit-déjeuner.

CHARLOTTE. – Les biscottes? Ça va gratter.

CLAIRE. – Oublie les biscottes et pense confiture, Nutella, miel...

CHARLOTTE. – Je vais m'amuser pour ravoir les draps derrière.

CLAIRE. – O.K., on oublie. Prenons la vodka, génial la vodka!

CHARLOTTE. – Au petit-déjeuner?

CLAIRE. – Non, le soir, la nuit, on s'en fout. Mais la vodka comme tout alcool fort a un effet anesthésiant et en même temps décupleur de sensations si on l'utilise précisément là où il faut l'utiliser. Bon, le danger, c'est que c'est comme pour une dégustation de vin : on n'est pas là pour se torcher la bouteille sinon ça ne décuple plus rien, bien au contraire.

CHARLOTTE. – C'est pas mal l'idée de la vodka, ça me plaît bien. Ou pourrais-je en trouver là maintenant?

CLAIRE. – Comment ça?

CHARLOTTE. – J'attaque cette nuit avec Paul. Je n'ai pas de vodka, mais j'ai du saké! Alors comment je suis? *(Elle réitère sa moue séductrice.)* Suffisamment fatale?

CLAIRE. – Je vais venir avec toi.

CHARLOTTE. – Non.

CLAIRE. – Si.

CHARLOTTE. – Occupe-toi de ton dentiste plutôt, je l'ai croisé tout à l'heure, il n'avait pas l'air au mieux. Tu lui as refusé le devis ? *(Temps.)* Trop cher ? Pourtant la qualité n'a pas de prix, tu le sais bien. *(Silence. Les deux femmes se regardent.)* Comment je suis ?

CLAIRE. – Magnifique.

Les deux sœurs se regardent.

NOIR

SCÈNE 8

Ambiance fin de soirée. Charlotte est seule assise sur une chaise, une coupe de champagne à la main. Une musique de madison débute. Claire entre, un café à la main, entamant quelques pas de madison.

CLAIRE, *s'adressant à quelqu'un de l'extérieur toujours en dansant.* – T'inquiète pas, maman, je suis sûre qu'il est très bon ton café. *(Elle le goûte.)* C'est ignoble. *(S'adressant vers l'extérieur.)* Hein ? Excellent ! *(À elle-même.)* Avec cinq sucres et un peu de lait, il sera parfait. *(Elle part s'asseoir à côté de Charlotte.)* Maintenant le madison ! Il nous manque plus que « La Danse des canards » et on aura eu le droit à tout ! Toi, tu as trop bu. Si t'as besoin de vomir, essaie le Père-Lachaise de maman, un café plus qu'allongé totalement indigeste.

CHARLOTTE. – La vie n'est rien d'autre qu'un gros vomi. Tu ne me demandes pas comment ça s'est passé ? *(Temps.)* Il était dans le parc près d'un arbre, je me suis approchée par-derrière pour lui faire la surprise et là, la vie m'a vomi dessus. Devine ce qu'il était en train de faire.

CLAIRE. – Il téléphonait.

CHARLOTTE. – T'étais là ?

CLAIRE. – Ton mari est toujours pendu au téléphone.

CHARLOTTE. – « Ma Julia d'amour » il disait ! Son assistante, Julia, vingt-quatre ans, avec qui il est parti aux Bahamas.

Claire rit. Devant le regard noir de Charlotte, elle s'arrête.

CLAIRE. – Pardon.

CHARLOTTE. – Je suis une femme bafouée.

CLAIRE. – Charlotte, comment te dire ?... Oui, comment te dire ?... Pour te dire... Enfin te dire...

CHARLOTTE. – Bah dis, c'est tout !

CLAIRE. – Ton mari est un queutard de première et tu n'as jamais rien voulu voir.

CHARLOTTE. – Tu ne l'as jamais aimé. Il a pourtant été gentil avec toi, souviens-toi après ton divorce comme il a été présent.

CLAIRE. – Oui, à un moment j'appelle plus ça de la présence mais du harcèlement.

CHARLOTTE. – Du harcèlement ?! Alors qu'il t'offrait une liposuccion intégrale du cul, que tu as refusée. Il a été très généreux.

CLAIRE. – Ça aurait pu s'apparenter à un acte généreux s'il ne m'avait pas proposé de me sauter avant et après l'intervention.

CHARLOTTE. – ...

CLAIRE. – Je n'étais pas la première et à mon avis pas la dernière. Charlotte, tout le monde sait que ton mari couche à droite, à gauche, alors réveille-toi !

CHARLOTTE. – Il t'a fait des avances et tu ne m'as rien dit?

CLAIRE. – À l'époque de mon divorce, on ne se parlait plus beaucoup si tu te souviens bien.

CHARLOTTE. – Ton chat avait bouffé mon hamster le week-end de Pâques!

CLAIRE. – Il cherchait les œufs, il l'a confondu avec un gros neuneuf! *(Regard noir de Charlotte.)* Enfin, vu nos quelques divergences animalières, imagine s'il avait fallu que je t'annonce que ton Paul se conduisait comme un lapin... de Pâques...

CHARLOTTE. – Il est toute ma vie.

CLAIRE. – Il cumule beaucoup, quand même.

Temps.

CHARLOTTE. – C'est un lâche! Quand il voit que je ne suis pas dans mon assiette, il me susurre « Ça va? » de l'autre bout de la maison. Et si je réponds « Oui, très bien! » avec l'agressivité d'un pitbull prêt à tuer, il se remet à lire son journal. *(Temps.)* Il est égoïste.

CLAIRE. – C'est bien, développe.

CHARLOTTE. – Il sait que j'adore le croûton de la baguette, en douce il se le mange. Pour les vacances, c'est SA destination.

CLAIRE. – Megève, sa montagne, ses chalets, ses maîtresses...

CHARLOTTE. – Fini Megève, ras la cacahuète de Megève! La seule date d'anniversaire dont il se souvient, c'est la sienne.

CLAIRE. – Le mufle!

CHARLOTTE. – Il est bordélique!

CLAIRE. – Vaurien!

CHARLOTTE. – Sa veste jetée sur l'accoudoir du canapé, ses chaussettes en boule au milieu de la salle de bains. J'ai essayé de lui inculquer quelques règles, les fourchettes avec les fourchettes, les couteaux avec les couteaux. Tu sais ce qu'il m'a fait un jour ? *(Regard interrogateur de Claire.)* Il m'a coincé un saladier dans le tiroir.

CLAIRE. – Et tu peux me rappeler pourquoi tu es restée tant d'années avec cet homme ?

CHARLOTTE. – Adviendra ce qu'il adviendra, même si l'église doit me renier, lundi je divorce de tout. Je quitte mon mari, je quitte la SPA, je quitte mon association des « t'as mal où » et en contre-partie je reprends ma vocation d'infirmière.

CLAIRE. – Pourquoi ? Les malades ne t'ont rien fait !

Charlotte hausse les épaules. Claire la bouscule gentiment d'un petit mouvement d'épaule.

CHARLOTTE. – Oh ! puis je dis ça, je ne sais même pas ce que je vais faire ! Tu te rends compte, aujourd'hui, ne plus savoir ce qu'on va faire du reste de sa vie ?

CLAIRE. – Recommencer une autre vie.

CHARLOTTE. – À mon âge ? Tout allait bien avant…

CLAIRE. – Tu feignais que tout allait bien.

CHARLOTTE. – Ma vie était bien ordonnée et aujourd'hui… Où sont passés nos rêves, Claire ?

CLAIRE. – Tu vas recommencer autre chose et ce sera bien, tu verras.

CHARLOTTE. – Et si je me remettais à l'écriture ?

CLAIRE. – T'avais commencé à écrire ?

CHARLOTTE. – Souviens-toi à l'école comme j'avais de bonnes notes en français.

CLAIRE. – Et moi en calcul mental. Je ne suis pas devenue mathématicienne.

CHARLOTTE. – Comment t'as fait, toi ? T'as toujours su dire non à tout.

CLAIRE. – Par ta faute ! C'est toi l'aînée qui aurais dû essuyer les plâtres, seulement t'as pas fait ton boulot, ma vieille ! Jamais tu ne t'opposais aux décisions des parents. Normalement moi j'étais prévue pour passer derrière et hop ! toutes les portes devaient s'ouvrir. Bah putain ce que j'ai ramé !

CHARLOTTE. – Je n'ai jamais supporté les situations de crise.

CLAIRE. – Et t'as tort ! Une bonne engueulade et tout rentre dans l'ordre. À partir d'aujourd'hui, c'est toi qui décides. Une seule chose compte : libérer tes envies !

CHARLOTTE. – Tu sais ce dont j'aurais envie là maintenant tout de suite ? Enfin je ne sais pas si...

CLAIRE. – On libère ses envies, on y va, on y croit, on ose !

CHARLOTTE. – Je rêve de le pendre par les valseuses ce gros vicelard de... *(Criant rageusement.)* Ah !

CLAIRE. – C'est une idée.

CHARLOTTE, *retirant ses chaussures.* – Je vais lui détruire sa face de rat crevé !

CLAIRE. – Oui, enfin...

CHARLOTTE, *levant ses talons au ciel.* – Dans les yeux, je vais lui planter mes talons ! Il est où ce salaud que je le tue ? Oui, c'est ça, je vais le tuer !

Elle part en courant.

CLAIRE. – Euh… Charlotte, non ! Charlotte ? Et merde !

Elle part à sa poursuite en courant.

NOIR

SCÈNE 9

Deux chaises sont placées face public, comme deux sièges d'une voiture. Charlotte est assise place accompagnateur.

CLAIRE, *arrivant également à reculons vers la voiture.* – Tous mes vœux de bonheur, les filles, et surtout, éclatez-vous ! *(Elle fait un signe vers Élisabeth et Bi puis se retourne vers sa voiture en soufflant. Elle monte à l'intérieur.)* Enfin seule ! *(Elle est surprise par la présence de Charlotte.)* C'est pas vrai ! Qu'est-ce que tu fais là ?

CHARLOTTE. – Je rentre avec toi.

CLAIRE. – Élisabeth et Bi ont loué des gîtes, reste !

CHARLOTTE. – Et passer une nuit de plus sous le même toit que cette espèce de…

CLAIRE. – C'est que t'as vraiment failli lui crever un œil.

CHARLOTTE. – Si on ne m'avait pas retenue, je l'achevais sur place.

CLAIRE. – Ça va aller ? Tu devrais peut-être rester, c'est bon l'air de la campagne, ça oxygène, ça calme.

CHARLOTTE, *avec entrain.* – Ça ventile, ça déménage, ça convulse ! Je crois que dès demain, je m'inscris à un cours de kick-boxing, j'ai adoré lui casser la gueule.

Temps.

CLAIRE. – On y va ?

CHARLOTTE. – À moins que tu tiennes, toi, à rester.

CLAIRE. – Avec l'équipe de winners que tu m'as collée toute la soirée, si en plus faut que je me les tartine au p'tit-déj'…

CHARLOTTE. – On a combien de kilomètres à parcourir ?

CLAIRE. – Hé, tu quittes ton mari, tu assumes ton âge, tu redémarres une nouvelle vie, O.K. ?

CHARLOTTE. – O.K.

CLAIRE. – On oublie les kilomètres et le temps qui passe, O.K. ? *(Temps.)* O.K. ?

CHARLOTTE. – On va essayer.

CLAIRE. – O.K. ?

CHARLOTTE. – O.K.

CLAIRE. – Allez, go !

Elle démarre la voiture et baisse sa vitre.

CLAIRE et CHARLOTTE. – À bientôt, et encore tous nos vœux de bonheur !

Elles font un signe de la main. Claire remonte la vitre. Les deux soufflent en même temps.

CHARLOTTE. – Elles ont de la chance, elles! Elles s'aiment, elles nagent en plein bonheur. Si j'avais su en me levant ce matin que ma vie allait être ruinée en une journée!

CLAIRE. – C'est une page qui se tourne, pas un livre qui se ferme. Tu entres dans un nouveau chapitre.

CHARLOTTE. – Celui d'une femme désespérément seule, plongée dans le néant du grand vide.

CLAIRE. – Arrête.

CHARLOTTE. – Devoir tout reconstruire aujourd'hui, quel fiasco! Comment tu fais, toi? *(Temps.)* Vais-je à nouveau rencontrer un nouvel homme?

CLAIRE. – Une première femme?

CHARLOTTE. – …

CLAIRE. – Un conseil : oublie l'homme parfait. Si tu cherches un mélange d'Einstein, de Clooney et de Woody Allen, coaché par Noah avec la santé de Rocco, ça n'existe pas. *(Devant le regard inquiet de Charlotte.)* T'inquiète, il reste tous les autres pour combler ton bonheur.

CHARLOTTE. – Mon bonheur…

CLAIRE, *chantonnant pour essayer de la faire sourire.* – « Ça s'en va et ça revient, c'est fait de… » *(Elle la regarde pour l'inciter à chanter la suite.)*

CHARLOTTE. – « … tout petits riens… » Pourquoi moi? La vie est injuste, c'est toujours toi qui es heureuse!

CLAIRE. – Ah bon?

CHARLOTTE. – Qui crie toujours haut et fort qu'elle est une femme épanouie et heureuse, et encore heureuse, et toujours heureuse car totalement indépendante ?... Quelle journée ! Quelle saloperie de journée !

CLAIRE. – Mais non...

CHARLOTTE. – La seule chose positive dans tout ça, c'est que toi et moi on ne s'est jamais autant parlé depuis...

CLAIRE. – On ne s'est jamais autant parlé.

Temps.

CHARLOTTE. – Tu es vraiment heureuse, Claire ?

CLAIRE. – Arrête avec ce mot, je vais refaire de l'eczéma.

CHARLOTTE. – Réponds, j'ai besoin de savoir maintenant que je vais devenir comme toi... *(Sans conviction.)*... une femme totalement indépendante et épanouie... *(Temps.)* Tu es heureuse ?

CLAIRE, *agacée.* – Mais oui, je suis... *(Se grattant le bras.)* Ça y est, ça commence.

CHARLOTTE. – Tu dis toujours que tu es... *(Claire la dévisage avant que Charlotte ne prononce le mot « heureuse ». Charlotte stoppe net.)* Sincèrement, tu l'es ? Parce que quand je te regarde, tu es seule, très seule, totalement seule. *(Temps.)* Libre mais seule. Les amants d'une nuit, c'est rigolo pour une nuit mais tu es seule, terriblement seule.

CLAIRE. – Si tu veux que j'ouvre le gaz en arrivant chez moi, continue, t'es sur la bonne voie.

CHARLOTTE. – Toi et moi, on se ressemble beaucoup.

CLAIRE. – Non.

CHARLOTTE. – Mais si, regarde-nous, aujourd'hui nos âmes sont en plein naufrage.

CLAIRE. – Tu veux vraiment que je nous emplafonne dans le premier arbre qui se présente ?

Temps.

CHARLOTTE. – Je suis contente qu'on se soit retrouvées.

CLAIRE. – Moi aussi.

Temps.

CHARLOTTE. – Ça fait tellement d'années qu'on s'affronte comme chien et chat, toi et moi.

CLAIRE. – Depuis le divorce des parents.

CHARLOTTE. – Comme s'ils nous avaient divorcées nous aussi. Heureusement qu'Élisabeth a toujours été là pour nous réunir.

CLAIRE. – Bon sang qu'on en a connu des périodes sans se parler !

CHARLOTTE. – Et chaque fois qu'on se retrouvait, on se chamaillait à nouveau. Quand je voyais autour de moi des sœurs en totale osmose, ça me faisait toujours un pincement au cœur. *(Temps. Elles se sourient.)* Je ne veux plus qu'on se quitte.

CLAIRE. – Ce n'est pas prévu au programme.

CHARLOTTE, *avec enthousiasme*. – Bien, on va alors pouvoir partager plein de choses. On va faire les boutiques ensemble, dîner ensemble, aller au ciné ensemble…

CLAIRE, *la calmant*. – Holà, holà, holà…

CHARLOTTE. – Je vais aussi rappeler toutes mes copines pour sortir.

CLAIRE. – Ah ! alors là, excuse-moi, mais si elles ont encore la corde au cou tu peux faire une croix dessus ! Oui, la mauvaise nouvelle c'est que tu ne seras plus invitée à aucun dîner.

CHARLOTTE. – C'est idiot ce que tu dis. Certes je quitte mon mari, mais mes amies restent les mêmes.

CLAIRE. – On n'invite pas les femmes qui reviennent sur le marché. Une femme seule devient une proie potentielle pour leur mari avide d'aventures. Tu continueras à voir tes amies, mais en tête à tête pour les déjeuners.

CHARLOTTE. – Je vais faire quoi de mes soirées ?

CLAIRE. – Te diriger vers les âmes libres.

CHARLOTTE. – Tu m'accompagneras ?

CLAIRE, *sur un ton hésitant*. – Bien sûr.

CHARLOTTE. – Dire qu'on se retrouve toutes les deux « open » !

Silence.

CLAIRE. – Je vais me marier, Charlotte. *(Silence.)* Tu as entendu ?

CHARLOTTE. – J'ai entendu. J'attendais le moment où tu comptais me l'annoncer. *(Temps.)* Tu t'es décidée à accepter le devis. Je lui avais dit de ne pas s'en faire : « Soyez patient ! Vous lui prenez cher à ma sœur, vous lui ôtez son indépendance, forcément ça lui coûte. Laissez-lui un peu de temps pour réfléchir et elle finira par vous le signer votre devis. » C'est bien que tu aies accepté. Comme je t'ai dit, la qualité n'a pas de prix. Puis il a l'air bien.

CLAIRE. – Sept ans de moins.

CHARLOTTE. – Ah! quand même!

Claire arrête la voiture.

CLAIRE. – Comment tu sais que…?

Elle descend. Temps. Charlotte vient la rejoindre.

CHARLOTTE. – Vous deviez venir ensemble aujourd'hui. Il t'a fait sa demande en mariage ce matin au saut du lit… Le temps qu'il prenne sa douche, tu avais fui.

CLAIRE. – C'est lui qui t'a raconté ça?!

CHARLOTTE. – Quand je l'ai croisé sur le parking, posé comme une âme en peine sur le capot de sa voiture, il était tellement désespéré! Il a fait le chemin jusqu'ici pour toi, tu te rends compte comme ce garçon t'aime?

CLAIRE. – Pas ça, je t'en prie.

CHARLOTTE. – Rassure-moi : tu l'aimes aussi?

CLAIRE. – Arrête avec ces niaiseries. *(Se grattant.)* Ça y est, ça recommence.

Temps. Charlotte la scrute.

CHARLOTTE. – Tu as un gros problème d'affect, Claire.

CLAIRE, *se grattant fort.* – Pas du tout.

CHARLOTTE, *moqueuse, elle se gratte pour l'imiter.* – « Pas du tout, je n'ai aucun problème avec le bonheur. » À ta place, j'irais consulter.

Claire remonte en voiture, Charlotte suit.

CLAIRE. – Mon premier mariage a duré dix ans avec un homme qui n'avait de cesse de me répéter « je t'aime » à longueur de journée, jusqu'au jour où il a rencontré Penélope Cruz avec quinze ans de moins.

CHARLOTTE. – Et après? Ton mariage a été ce qu'il a été, il existe des unions qui durent! Regarde avec Paul, plus de vingt ans que nous sommes mariés et... D'accord, j'ai pas pris le bon exemple.

CLAIRE. – J'ai tellement la trouille de m'engager à nouveau...

CHARLOTTE. – Mais tu l'aimes? *(Claire la dévisage.)* Écoute, faut appeler un chat un chat. Tu l'aimes, oui ou merde?

CLAIRE. – Disons... Disons que je me sens bien avec lui, vraiment bien...

CHARLOTTE. – Alors de quoi as-tu peur? C'est pas toi qui me parlais de vivre, d'oser, de se lâcher? D'ailleurs, tiens, laisse-moi le volant.

CLAIRE. – Ah non!

CHARLOTTE. – Si, je vais conduire. Allez, on change. *(Elles intervertissent leurs places.)* Quand je pense que depuis des années tu m'as tenu un discours de vieille célibataire endurcie rigolant au nez de toutes celles qui osaient parler d'amour...

CLAIRE. – Qui pense que l'enfer c'est les autres n'a jamais vraiment connu la solitude.

CHARLOTTE. – Et là, c'est moi qui vais ouvrir le gaz en rentrant.

CLAIRE. – Tu n'étais plus heureuse avec Paul.

CHARLOTTE. – J'étais habituée à lui.

CLAIRE. – Tu reprendras un chien. Édouard II.

CHARLOTTE. – Si tu te maries, on ne se verra plus qu'en tête à tête à des déjeuners?

CLAIRE. – Bah non, pourquoi tu dis ça ?

CHARLOTTE. – Tu m'inviteras chez toi ?

CLAIRE. – Évidemment.

CHARLOTTE. – Tu n'as pas peur que je devienne une proie pour ton homme avide d'aventures ?

Temps. Claire la scrute.

CLAIRE. – Non. D'ailleurs, on va vite organiser un dîner à la maison, Richard a un frère pas mal du tout.

CHARLOTTE. – Claire, enfin ! Je ne suis pas encore divorcée. *(Temps.)* Brun ou blond ?

CLAIRE. – Un grand brun aux yeux noirs, type méditerranéen…

CHARLOTTE. – J'ai toujours préféré les blonds, Paul était d'un blond tellement… *(Devant le regard de Claire.)* Après tout… Osons le changement, soyons fous ! Adieu, belles et cruelles certitudes. Allez, hop hop hop, Claire, à Paris !

Charlotte allume la radio. La chanson « First Be a Woman » interprétée par Gloria Gaynor débute.

CLAIRE. – Cette chanson ne te rappelle rien ?

CHARLOTTE. – C'était notre chanson à toutes les trois.

CLAIRE. – Alors « first be a woman », non ? Le reste on s'en fout.

CHARLOTTE. – T'as raison. À Paris, Claire, une nouvelle vie commence. *(Avant de démarrer, elle se tourne vers Claire.)* Mais dis-moi, est-ce que par hasard tu sais s'il boit du thé ou du café le matin ? *(Devant le regard étonné de Claire.)* C'est important. Une étude montre que les buveurs de thé vert sont nettement plus agressifs que les buveurs de thé noir ou de thé blanc, je ne voudrais pas tomber sur un homme qui bat sa femme. *(Claire descend de la voiture.)* Qu'est-ce que tu fais ?

CLAIRE. – Faut que je respire.

Charlotte la suit.

CHARLOTTE. – À moins qu'il préfère le café ? Si c'est le cas, il est plus arabica ou robusta ? Ne me dis pas qu'il préfère le chocolat le matin, Paul prenait du cacao Van Houten chaque matin et vois-tu…

CLAIRE. – La ferme !

La musique reprend.

FIN

AVIS IMPORTANT

Cette pièce de théâtre fait partie du répertoire de la Société des Auteurs et Compositeurs Dramatiques, 11 bis rue Ballu 75442 PARIS Cedex 09. Tél. : 01 40 23 44 44. Elle ne peut donc être jouée sans l'autorisation de cette société.

Nous conseillons d'en faire la demande avant de commencer les répétitions.

Imprimé à la demande par Books On Demand GmbH, Bad Hersfeld, Allemagne

3e trimestre 2016
1re édition, dépôt légal : juillet 2016
N° d'édition : 201646
ISBN : 978-2-37393-194-5

9 782373 931945